BEI GRIN MACHT SICH IHR
WISSEN BEZAHLT

AF135824

- Wir veröffentlichen Ihre Hausarbeit,
  Bachelor- und Masterarbeit

- Ihr eigenes eBook und Buch -
  weltweit in allen wichtigen Shops

- Verdienen Sie an jedem Verkauf

Jetzt bei www.GRIN.com hochladen
und kostenlos publizieren

Mobbing im Betrieb. Auswirkungen und Folgen auf die psychische Gesundheit

Bibliografische Information der Deutschen Nationalbibliothek:

Die Deutsche Nationalbibliothek verzeichnet diese Publikation in der Deutschen Nationalbibliografie; detaillierte bibliografische Daten sind im Internet über http://dnb.d-nb.de abrufbar.

ISBN: 9783346941152
Dieses Buch ist auch als E-Book erhältlich.

Druck und Bindung: Books on Demand GmbH, Norderstedt Germany
Gedruckt auf säurefreiem Papier aus verantwortungsvollen Quellen

Das vorliegende Werk wurde sorgfältig erarbeitet. Dennoch übernehmen Autoren und Verlag für die Richtigkeit von Angaben, Hinweisen, Links und Ratschlägen sowie eventuelle Druckfehler keine Haftung.

Das Buch bei GRIN: https://www.grin.com/document/1391958

Klinische Psychologie I: Psychische Gesundheit und Mental

Health Fallaufgabe Plus

Inhalt

Abkürzungsverzeichnis

AK	Kammer für Arbeiter und Angestellte
AOK	Allgemeine Ortskrankenkasse
BAuA	Bundesanstalt für Arbeitsschutz und Arbeitsmedizin
EStG	Einkommensteuergesetz
GKV	Gesetzliche Krankenversicherung
ICD-10	10. Version der internationalen statistischen Klassifikation der Krankheiten und verwandter Gesundheitsprobleme (englisch: International Statistical Classification of Diseases and Related Health Problems)
ICD-11	11. Version der internationalen statistischen Klassifikation der Krankheiten und verwandter Gesundheitsprobleme (englisch: International Statistical Classification of Diseases and Related Health Problems)
mE	meines Erachtens
PTBS	Posttraumatische Belastungsstörung (englisch: post-traumatic stress disorder, PTSD)
SGB V	Sozialgesetzbuch, Fünftes Buch

Falllösung (12 Seiten)

Aufgabe 1: Mobbing und die Folgen

Ad 1.1 Epidemiologie von Mobbing

Erstmals wurden im Mobbing-Report der Bundesanstalt für Arbeitsschutz und Arbeitsmedizin (BAuA) repräsentative Daten für Deutschland geliefert: so konnte im Untersuchungszeitpunkt im Jahr 2000 eine Mobbing-Quote von 2,7% - bei einer Gesamterwerbstätigenzahl von 38,988 Millionen Beschäftigten - 1 Million Beschäftigte – objektiviert werden; werden auch bereits vorgegangene Mobbingsituationen einbezogen, so erhöht sich die Betroffenheitsquote auf 11,3%, welches die Aussage zulässt, dass bereits jede neunte Person im erwerbsfähigen Alter bereits mindestens einmal in ihrem Erwerbsleben gemobbt wurde (vgl. Köllner, 2017, S. 123; Meschkutat et al, 2002, S. 24).

Generell kommt Mobbing in allen Berufsgruppen und Arbeitsbereichen vor, jedoch deutet der derzeitige Wissensstand auf ein erhöhtes Mobbing-Risiko insbesondere in sozialen und Gesundheitsberufen: Mobbing-Raten von bis zu 30% im Gesundheits-/Sozialwesen werden beschrieben, insbesondere haben Beschäftigte (z.B. Erzieher, Sozialarbeiter, Altenpfleger) das höchste Mobbing-Risiko (vgl. Köllner, 2017, S. 123). In einer Langzeitstudie von Loerbroks et al. (2015) bei 621 Assistenzärzten in süddeutschen Krankenhäusern gaben 2004 insgesamt 12,9% an, am Arbeitsplatz gemobbt zu werden, in den Followup Jahren (1,2 Jahre und 2,8 Jahre später) stieg dieser Prozentsatz auf 14,9% und schließlich auf 15,9%. Die Daten des Mobbing-Reports BAuA 2002 lassen darauf schließen, dass neue Mitarbeiter gefährdeter sind als langjährig Beschäftigte; auch haben Frauen ein um 75% höheres Mobbing-Risiko als Männer, welches mit einem Machtgefälle am Arbeitsplatz zusammenzuhängen scheint (vgl. Köllner, 2017, S. 123). Hinsichtlich der Altersgruppen lässt sich aussagen, dass die unter 25-Jährigen (3,7%) und die über 55-Jährigen (2,9%) am stärksten betroffen sind. Betrachtet man die Täter-Seite so sind dies häufig männliche Vorgesetzte im Alter zwischen 35 und 55 Jahren; hinsichtlich der Häufigkeit lässt sich sagen, dass nahezu jeder vierte Betroffene täglich und etwa jeder dritte Betroffene mehrmals pro Woche gemobbt wird, wobei die Dauer des Mobbings einige Monate bis mehrere Jahre beträgt (vgl. Köllner, 2017, S. 123).

Ad 1.2 Auswirkung auf die psychische Gesundheit

Generell ist anzumerken, dass Mobbing selbst keine Krankheitskategorie iSd ICD-10 bzw. ICD-11 ist, jedoch eine Mitursache von psychischen oder physischen Erkrankungen sein kann; Mobbing selbst ist also keine medizinische Diagnose, sondern wird aufgeführt unter der Kategorie von Anlässen, das Gesundheitssystem in Anspruch zu nehmen, oder als Kausalität beschreibender Zusatzcode (vgl. Köllner, 2017, S. 123). Basierend auf Datenauswertungen kann ein Zusammenhang zwischen Mobbing und Symptomen von Depression, Angststörungen und stressbezogenen Beschwerden erkannt werden (vgl. Köllner, 2017, S. 124), wobei das individuelle Beschwerdebild von Mobbing Betroffenen eine Multidimensionalität mit psychischen, somatischen sowie sozialen Beeinträchtigungen aufweist: unspezifische Symptome wie Selbstzweifel, Gereiztheit, Kopfschmerzen, Schlafstörungen, Herz-/Kreislaufbeschwerden bis zu depressiven Störungen, Entwicklung von Suchterkrankungen oder posttraumatischen Belastungsstörungen werden genannt (vgl. Köllner, 2017, S. 125).

Aus dem Obgenannten lassen sich als **psychische Auswirkungen** erkennen:

1. Angst und depressive Stimmung: Mobbingopfer können Angstzustände, Niedergeschlagenheit, Hoffnungslosigkeit und eine generell negative Stimmung entwickeln.

2. Stress: Mobbing führt zu einem chronischen Stresszustand, der sich negativ auf die psychische Gesundheit auswirkt, dies kann zu Schlafstörungen, Konzentrationsproblemen und Erschöpfung führen.

3. Geringes Selbstwertgefühl/Selbstvertrauen: Wiederholte Angriffe und Demütigungen können das Selbstwertgefühl/Selbstvertrauen des Opfers beeinträchtigen; in Folge führt dies zu einem negativen Selbstbild und zu einem Gefühl der Wertlosigkeit.

Hinsichtlich **physischer Auswirkungen** sind aus dem Obgenannten zu erkennen:

1. Gesundheitsprobleme: Mobbing kann zu einer Reihe von gesundheitlichen Problemen führen, darunter Kopfschmerzen, Magen-Darm-Beschwerden, Schlafstörungen, Rückenschmerzen und Muskelverspannungen.

2. Chronische Erkrankungen: Der langfristige Stress und die Belastung durch Mobbing können das Risiko für chronische Erkrankungen wie Herz-Kreislauf-Erkrankungen, Bluthochdruck und Immunschwäche erhöhen.

3. Verletzungen: In einigen Fällen kann Mobbing zu körperlichen Angriffen führen, die zu Verletzungen und Schmerzen führen.

Ad 1.3 Widerstandsfähigkeit

Begreift man Resilienz als innere Haltung und Fertigkeit, das Leben aktiv zu gestalten, anstatt es passiv zu erleiden und sich selbst nach schlechten Erfahrungen wieder zu erholen und sich in Folge erfolgreich an Stresssituationen anzupassen, lassen sich daraus Resilienzkompetenzen (vgl. Kolodej, 2018, S. 15) wie eine angemessene Selbsteinschätzung und Fremdwahrnehmung, gute Selbststeuerung, Selbstwirksamkeitsüberzeugung (*ich kann Anforderungen bewältigen*), soziale Kompetenz (*ich hole mir Unterstützung*), Anpassungsfähigkeit und Flexibilität zur Realisierung unterschiedlicher Kompetenzen in unterschiedlichen Situation, allgemeine Problemlösungsfähigkeit erkennen (vgl. Burfeind, 2020, S. 28; Hoffmann, 2016, S. 19). Ob ein Mobbingopfer gestärkt hervorgeht entscheidet oft dessen Resilienz bzw. psychische Widerstandsfähigkeit: Durch Resilienz sichert sich das Opfer gegen Krisen ab, welche individuelle Bewältigungsmöglichkeiten übersteigen, und zur Labilisierung des Betroffenen führen können (vgl. Hoffmann, 2016, S. 19).

Aus dem Obgenannten lassen sich zwei elementare Argumente erkennen:

1. Selbstwirksamkeit und Selbstbewusstsein: Resiliente Personen haben ein hohes Maß an Selbstwirksamkeit und Selbstbewusstsein; sie glauben an ihre Fähigkeit, mit Schwierigkeiten umzugehen und diese zu überwinden und ihnen helfen, ihre eigene Stärke und Widerstandsfähigkeit zu erkennen.

2. Unterstützende soziale Netzwerke: Resiliente Personen suchen Unterstützung und pflegen starke soziale Netzwerke; sie sind in der Lage, ihre Erfahrungen und Emotionen mit vertrauenswürdigen Personen zu teilen, was ihnen hilft, mit dem Mobbing umzugehen. Die Unterstützung von Freunden, Familienmitgliedern oder Kollegen kann den negativen Einflüssen von Mobbing entgegenwirken.

Ad 1.4 Auswirkung auf die Organisation

Die negative Beeinflussung durch Mobbing betrifft nicht nur die involvierten Personen, sondern die gesamte Unternehmenskultur und Wettbewerbsfähigkeit in der Weise, dass selbst eine Gefährdung der (Über-)Lebensfähigkeit des Betriebes gegeben sein kann, da aufgrund erhöhter Fehlzeiten, Fluktuationen der Belegschaft, Qualitätseinbußen beim Output oder anderweitiger verminderter Produktivität die betriebswirtschaftlichen Kosten pro Mobbing Fall bis zu 30.000 Euro betragen können (vgl. Köllner, 2017, S. 126).

Eine ökonomische Auswirkung ist die verminderte Leistungsmotivation und überhaupt die Arbeitsleistung des Mobbingbetroffen selbst: Durch das Mobbing werden das Verhalten und die Leistungsbereitschaft des Betroffenen nachhaltig negativ beeinflusst, so nimmt zu Mobbingbeginn insbesondere diese dadurch ab, da sich der Betroffene sehr stark mit seiner Situation und mit der Abwehr von Aktionen beschäftigen muss, womit Konzentration und Arbeitsfreude verloren gehen (vgl. Merk, 2014, S. 51). Mit Fortdauer des Mobbings wird der Betroffene die Motivation zu leistungsgerechten Handeln verlieren und schließlich resignieren und zu einer bewussten Leistungsreduzierung (innere Kündigung) kommen. Die Erscheinungsformen Absentismus, Fluktuation, Leistungsminderung können auf die durch das Mobbing hervorgerufene Arbeitsunzufriedenheit zurückgeführt werden (vgl. Merk, 2014, S. 51). Insbesondere ist anzumerken, dass Mobbingprozesse nicht rein isoliert betrachtet werden sollen und können, denn Mitarbeiter und Kollegen, auch wenn sie sich neutral verhalten und nicht in diese Dynamik hineingezogen werden wollen, sehen sich aufgrund von Gruppenzwängen und Sozialbeziehungen zu Parteinahmen veranlasst, Verunsicherung innerhalb der Kollegen wird zunehmen (diese ziehen sich zurück, grenzen sich ab) da diese befürchten müssen ebenfalls Mobbingopfer werden zu können; Dies führt in Folge dazu, dass die Arbeitsatmosphäre und das Beziehungsgefüge in ihrer Gesamtheit langfristig in Mitleidenschaft gezogen werden, die Arbeitszufriedenheit verschlechtert sich, die Motivation wird verringert (vgl. Merk, 2014, S. 52).

Eine weitere ökonomische Auswirkung ist die Verschlechterung der Kooperationsbeziehungen: Die vertikale (Vorgesetzter – Untergebener) und horizontale (im Kollegenkreis) Zusammenarbeit in Unternehmen kann dem soziologischen System (etwa Gefühle, Emotionen), dem organisatorischen System (etwa Macht, Regeln) und/oder dem ökonomischen System (etwa Anreize, Vorteile) zugeordnet werden (vgl. Merk, 2014, S. 52). Durch Mobbing werden die sozialen Beziehungen zu Kollegen/Vorgesetzten nachhaltig und belastend beeinflusst und dadurch, dass in der heutigen Arbeitswelt betriebliche Ziele nur durch die optimale Zusammenwirkung von Mitarbeitern und Vorgesetzten verwirklicht werden können, wirkt sich die Mobbingreaktion des Umfeldes bei den jeweiligen Gruppen auf die Kooperationsbereitschaft und Zusammenarbeitsbereitschaft aus, hat dies bereits kurzfristige negative Effektivitätsfolgen auf diese Gruppe (vgl. Merk, 2014, S. 52 f.). Schließlich strahlt die negative Kooperationsbereitschaft verschiedener Abteilungen auf das gesamte Betriebsklima aus: die betriebliche Kooperationsqualität wird als entscheidend für die individuelle Freisetzung der Kreativität und in Folge für die Innovation des Unternehmens selbst, womit auch die betriebliche Zukunft des Unternehmens eben durch die mobbinggestörten Kooperationsbeziehungen negativ beeinflusst werden (vgl. Merk, 2014, S. 53).

Aufgabe 2: Erhebung der Ist-Situation

Mitarbeiterbefragung zu Mobbing am Arbeitsplatz - Ihre Meinung ist gefragt!

Frage	*Antwortmöglichkeiten*	*Lösung und Beispiel*
Frage 1: Welche der folgenden Handlungen sind für Sie Formen des Mobbings?	a) Tägliches Spotten und Lästern über einen Mitarbeiter aufgrund seiner ethnischen Herkunft. b) Einmalige Kritik an einem Arbeitsergebnis, um Verbesserungen anzuregen.	Antwort a) (vgl. Merk, 2014, S. 3 ff.; Kolodej, 2016, S. 14): Ein Beispiel für eine konkrete Mobbinghandlung ist das wiederholte Verbreiten von Gerüchten über eine Person, um ihren Ruf zu schädigen: etwa, dass falsche Informationen über die betroffene Person verbreitet werden,

	c) Gelegentliche humorvolle Neckereien unter Kollegen ohne Verletzung der Gefühle. d) Diskussion unterschiedlicher Standpunkte in einem konstruktiven Teammeeting.	um sie in einem negativen Licht darzustellen und ihre sozialen Beziehungen zu beeinträchtigen. *„Kollegen machen Witze über mich und stellen mich vor anderen bloß."*
Frage 2: Welche Auswirkungen kann langanhaltendes Mobbing Ihrer Meinung nach auf die psychische Gesundheit haben?	a) Gesteigertes Selbstbewusstsein und emotionale Stabilität. b) Chronische Angstzustände, Schlafstörungen und Depressionen. c) Verbesserte Motivation und hohe Arbeitszufriedenheit. d) Steigerung der sozialen Kompetenzen und des Empathievermögens.	Antwort b) (vgl. Burfeind, 2020, S. 37 f.; Köllner, 2017, S. 125): Mobbing kann schwerwiegende Auswirkungen auf die psychische Gesundheit einer Person haben. Betroffene können unter Angstzuständen, Depressionen, einem niedrigen Selbstwertgefühl und emotionaler Instabilität leiden. In einigen Fällen kann Mobbing sogar zu psychischen Erkrankungen wie PTBS führen. *„Ich habe schon am Sonntag Angst, am Montag wieder ins Büro zu müssen."*
Frage 3: Welche sozialen Auswirkungen können Ihrer Meinung nach durch Mobbing entstehen?	a) Stärkung des Zusammenhalts im Team und verbesserte Kommunikation. b) Soziale Isolation, Ausgrenzung und Verlust von Freundschaften. c) Förderung einer inklusiven Arbeitsatmosphäre und Teamarbeit. d) Erweiterung des beruflichen Netzwerks und beruflicher Aufstieg.	Antwort b) (vgl. Burfeind, 2020, S. 38; Kolodej, 2016, S. 14): Mobbing kann zu erheblichen sozialen Folgen führen. Betroffene können sozial isoliert werden, da ihre Peiniger sie von sozialen Aktivitäten ausschließen oder Gerüchte über sie verbreiten, die zu Ablehnung oder Ausgrenzung führen. Mobbing kann auch zu einem Verlust von Freundschaften und Unterstützungssystemen führen, da Betroffene Schwierigkeiten haben können, Vertrauen zu anderen aufzubauen. *„Schon seit längerer Zeit fühle ich mich durch Kollegen ausgegrenzt."*

Frage 4: Welche physischen Auswirkungen können Ihrer Meinung nach durch Mobbing entstehen?	a) Verbesserung der körperlichen Fitness und Stärkung des Immunsystems. b) Chronischer Stress, körperliche Beschwerden und psychosomatische Erkrankungen. c) Erhöhte Energie und Vitalität durch den Umgang mit Herausforderungen. d) Verbesserte Schlafqualität und gesteigerte Konzentrationsfähigkeit.	Antwort b) (vgl. Burfeind, 2020, S. 37 f.; Köllner, 2017, S. 125): Mobbing kann sich auf die physische Gesundheit einer Person in vielerlei Hinsicht auswirken: Schlafstörungen, Kopfschmerzen, Magen-Darm-Problemen oder ein geschwächtes Immunsystem. Chronischer durch das Mobbing verursachter Stress, kann zu langfristigen gesundheitlichen Problemen führen. *„Meine Gedanken kreisen nur noch um meine beruflichen Probleme und verursachen mir körperliches und seelisches Unwohlsein."*
Frage 5: Welche Maßnahmen können Ihrer Meinung nach ergriffen werden, um Mobbing am Arbeitsplatz zu bekämpfen?	a) Klare Richtlinien gegen Mobbing, Schulungen und Sensibilisierungsprogramme. b) Ignorieren der Mobbingvorfälle und Hoffen auf deren von selbst verschwinden. c) Einschränkung der Kommunikation zwischen den Mitarbeitern, um Konflikte zu vermeiden. d) Beförderung von Führungskräften, die Mobbinghandlungen unterstützen.	Antwort a) (vgl. Burfeind, 2020, S. 57 ff.; Köllner, 2017, S. 128): Es sollen, um alle Mitarbeiter über das Thema Mobbing zu informieren, Schulungen durchgeführt werden, die verschiedenen Formen von Mobbing zu erkennen und die Auswirkungen zu verstehen. Sensibilisierungskampagnen können das Problembewusstsein schärfen. Klare Richtlinien und Verfahren, die Mobbing am Arbeitsplatz verbieten, sollen normiert werden und festlegen, wie Fälle von Mobbing behandelt werden. *„Ich möchte mich mit meinen beruflichen Problemen nicht alleine fühlen."*

Aufgabe 3: Präventionsmaßnahmen

Ad 3.1 Einrichtung einer Beratungsstelle

Generell ist eine Beratungsstelle ein gutes Instrument, um Mobbingbetroffene zu unterstützen. Jedoch fehlt diesem Ansatz der präventive Charakter, um das Mobbingproblem effektiv anzugehen und einen umfassenderen Ansatz:

1. Prävention: Eine Beratungsstelle ist in erster Linie darauf ausgerichtet, Unterstützung

und Hilfe für bereits von Mobbing betroffene Mitarbeiter anzubieten. Sie kann daher gut auf bereits stattgefundenes Mobbing reagieren und kann und soll Unterstützung bei der Bewältigung der Folgen bieten. Jedoch liegt der Fokus auf der Nachsorge, während die Prävention von Mobbing oft zu kurz kommt.

2. Umfassender Ansatz: Um Mobbing effektiv zu bekämpfen, bedarf es eines umfassend(er)en Ansatzes, der Prävention, Sensibilisierung, Schulungen, klare Richtlinien, Konfliktlösungsmechanismen und die Förderung einer positiven Unternehmenskultur umfasst. Eine Beratungsstelle kann nur ein Teil dieses Gesamtansatzes sein.

Fazit: Die Einrichtung einer Beratungsstelle für Mobbingbetroffene ist ein wichtiger Schritt, um Unterstützung und Hilfe anzubieten; allein die Einrichtung einer solchen Beratungsstelle reicht in der Regel nicht aus, um das Mobbingproblem effektiv zu lösen.

Ad 3.2 Führungskräftetraining

Seminar: Mobbing und Führungsstil

Titel des The-menblocks	Lernziel	Inhalt
Themenblock 1: Einführung und Sensibilisierung	Die Teilnehmer sollen ein grundlegendes Verständnis von Mobbing am Arbeitsplatz entwickeln und sich der Bedeutung des Führungsstils für die Prävention von Mobbing bewusst werden.	• Definition und Formen von Mobbing am Arbeitsplatz • Auswirkungen von Mobbing auf Einzelpersonen und das Unternehmen • Rolle des Führungsstils bei der Schaffung eines positiven Arbeitsklimas und der Prävention von Mobbing
Themenblock 2: Führungsstil und Prävention von Mobbing	Die Teilnehmer sollen die Auswirkungen unterschiedlicher Führungsstile auf das Arbeitsumfeld verstehen und lernen, wie sie als Führungskräfte einen präventiven Ansatz gegen Mobbing entwickeln können.	• Unterschiedliche Führungsstile und ihre Auswirkungen auf das Arbeitsumfeld • Förderung von Respekt, Teamarbeit und Wertschätzung durch den Führungsstil • Maßnahmen zur Mobbingprävention: Kommunikation, Teambuilding, Konfliktmanagement
Themenblock 3: Erkennen und Handeln bei Mobbing	Die Teilnehmer sollen lernen, frühzeitig Mobbinganzeichen zu erkennen, angemessen	• Früherkennung von Mobbinganzeichen und –mustern • Aktives Zuhören und offene Kommunikation mit den Mitarbeitern • Vertrauliche

	darauf zu reagieren und geeignete Handlungsoptionen zu kennen, um Mobbing einzudämmen.	Meldung und Untersuchung von Mobbingvorwürfen • Handlungsoptionen und Intervention bei Mobbingvorfällen
Themenblock 4: Unterstützung und Nachsorge	Die Teilnehmer sollen verstehen, wie sie Betroffene von Mobbing unterstützen können, um ihre Gesundheit und Arbeitszufriedenheit wiederherzustellen, und langfristige Maßnahmen zur Prävention von Mobbing entwickeln.	• Unterstützung der Betroffenen von Mobbing: Beratung, Hilfsangebote, Wiederherstellung des Vertrauens • Rolle der Führungskraft bei der Nachsorge und Konfliktbewältigung • Entwicklung von langfristigen Maßnahmen zur Schaffung einer gesunden Arbeitsumgebung und Prävention von Mobbing

Ad 3.3 Umgang mit Mobbing/Prävention von Mobbing-Folgen

Ein Unternehmen kann verschiedene Maßnahmen setzen, um Mobbing zu verhindern (vgl. Köllner, 2017, S. 128; Burfeind, 2020, S. 56 ff.; AK, 2019, S. 25):

1. Klare interne Richtlinien/Verhaltenskodex (vgl. Burfeind, 2020, S. 57 f.): Das Unternehmen sollte klare Richtlinien gegen Mobbing entwickeln und diese mit einem Verhaltenskodex kombinieren. Alle Mitarbeiter sollten über die Erwartungen und Konsequenzen informiert werden, um ein positives-respektvolles Arbeitsumfeld zu fördern.

2. Förderung einer offenen-positiven Unternehmenskultur (vgl. Burfeind, 2020, S. 58 ff.): Unternehmen sollten eine Kultur der Offenheit, des Respekts und der Zusammenarbeit fördern. Mitarbeiter sollten ermutigt werden, ihre Anliegen zu äußern, und es sollten Mechanismen zur Konfliktlösung und zur Meldung von Mobbingvorfällen (etwa durch die Implementierung von Beschwerdeverfahren) bereitgestellt werden.

3. Schulungen/Sensibilisierung (vgl. Burfeind, 2020, S. 63): Regelmäßige interne/externe Schulungen zum Thema Mobbing können alle Mitarbeiter über Auswirkungen, Anzeichen und Präventionsstrategien aufklären. Führungskräfte sollten spezielle Schulungen erhalten, um Mobbing zu erkennen und effektiv darauf zu reagieren.

4. Unterstützung der Mobbingopfer (vgl. Burfeind, 2020, S. 60 ff.): Opfern von Mobbing sollte angemessene Unterstützung angeboten werden, wie z. B. Beratung, psychologische Hilfe oder die Möglichkeit, ihre Arbeitssituation zu ändern; etwa durch die unternehmensinterne Implementierung von Konfliktlotsen/Konfliktbeauftragten, gegebe-

nenfalls die Hinzuziehung externer Konfliktberater/Mediatoren oder in letzter unternehmerischer Möglichkeit auch die Einrichtung einer internen Schiedskommission. Es ist wichtig, dass Mitarbeiter wissen, dass sie nicht allein gelassen werden.

Ad 3.4 Finanzierung der Maßnahmen

Das Leistungsspektrum des § 20b SGB V umfasst 1) die Erhebung der gesundheitlichen Situation inkl. Risiken und Potenziale, 2) die Beteiligung der Versicherten und der Betriebsverantwortlichen, 3) die Entwicklung von Vorschlägen zur Verbesserung der Gesundheitssituation und zur Stärkung der Gesundheitsressourcen, 4) die Unterstützung bei der Umsetzung (vgl. AOK, 2023). Konkret gefördert werden Bewegungsprogramme, Ernährungsangebote, Suchtprävention und Stressbewältigung (vgl. GKV, 2023a). Die in den Obgenannten Punkten 3.1 bis 3.3 erwähnten Maßnahmen lassen sich unter Stressbewältigung subsumieren. Arbeitgeberleistungen, die hinsichtlich Qualität, Zweckbindung, Zielgerichtetheit und Zertifizierung den Anforderungen der §§ 20 und 20b des Fünften Buches Sozialgesetzbuch genügen, sind seit 01.01.2019 gem. § 3 Nr. 34 des Einkommensteuergesetzes (EStG) steuerfrei (vgl. GKV, 2023b). Noch vor der Entscheidung über eine Förderung eines konkreten Präventionskurses prüft die Zentrale Prüfstelle Prävention die Einhaltung der Qualitätskriterien (insbesondere die Qualifikation des Anbieters und die Eignung des Konzeptes) nach dem Leitfaden Prävention (vgl. GKV, 2023b).

Aufgabe 4: Evaluationskonzept

Ad 4.1 Erfolgsindikatoren

Evaluation der Präventionsmaßnahmen

(qualitatives) Kriterium	Operationalisierung (Übersetzung des Kriteriums in beobachtbare-messbare Indikatoren)	Methode zur Erhebung des operationalisierten Kriteriums
1. Verbesserung des Kommunikationsklimas: Durch die Implementierung von Präventionsmaßnahmen soll eine offene und respektvolle Kommunikationskultur gefördert werden. Mitarbeiter sollen sich sicher fühlen, ihre Anliegen	Mitarbeiterbefragungen und Interviews: Strukturierte Fragebögen und qualitative Interviews können eingesetzt werden, um die wahrgenommenen Veränderungen in Bezug auf Vertrauen, Arbeits-	Vorgehensweise: Die Befragungen und Interviews sollten vor und nach der Implementierung von Präventionsmaßnahmen durchgeführt werden, um den Fortschritt im Laufe der Zeit zu messen. Die Er-

zu äußern, Bedenken zu teilen und Konflikte konstruktiv anzugehen.	klima und Konfliktlösungskompetenz zu erfassen. Die Mitarbeiter können nach ihren Erfahrungen, Wahrnehmungen und dem Umgang mit Konflikten befragt werden.	gebnisse können analysiert werden, um Veränderungen in den wahrgenommenen Aspekten zu identifizieren und etwaige Herausforderungen zu ermitteln.
2. Förderung einer unterstützenden Kultur: Durch Präventionsmaßnahmen sollte eine Kultur der Unterstützung und Solidarität geschaffen werden. Dies beinhaltet die Etablierung von Mechanismen, die Opfern von Mobbing helfen, sich zu äußern, sowie die Bereitstellung von Ressourcen und Unterstützung bei der Bewältigung von Mobbingvorfällen.	Analyse von Beschwerden oder Meldungen: Die Überwachung und Auswertung von Beschwerden oder Meldungen über Mobbingvorfälle kann Aufschluss über Häufigkeit, Schweregrad und Handhabung solcher Vorfälle geben. Eine Zunahme der Meldungen könnte darauf hinweisen, dass die Sensibilisierung gestiegen ist und die Mitarbeiterinnen und Mitarbeiter sich sicherer fühlen, Vorfälle zu melden.	Vorgehensweise: Die Datenerhebung durch Mitarbeiterbefragungen, Beschwerdesammlungen oder Mobbingmeldungen sollten regelmäßig beobachtet werden, um Veränderungen im Arbeitsumfeld zu erkennen; die gesammelten Daten sind zu analysieren, um Trends, Muster oder Veränderungen in Bezug auf das Arbeitsklima, die Sensibilisierung oder die unterstützende Kultur zu identifizieren.

Ad 4.2 Beteiligung

Ein Steuerungskreis zur Beratung der Vorbereitung und Evaluation im Zusammenhang mit Mobbingprävention sollte aus einer Vielzahl von Personen mit unterschiedlichen Zielgruppen und Unternehmensfunktionen bestehen. Die mE wichtigsten Schlüsselpersonen, die in den Steuerungskreis einbezogen werden sollten sind:

1. Führungsebene: Vertreter der obersten Führungsebene, wie Geschäftsführer oder Vorgesetzte, sollten Teil des Steuerungskreises sein. Sie tragen die Verantwortung für die strategische Ausrichtung des Unternehmens und können sicherstellen, dass die Mobbingprävention in die Unternehmenskultur integriert wird.

2. Betriebsrat oder Mitarbeitervertretung: Es ist wichtig, die Stimme der Mitarbeiter durch die Teilnahme von Betriebsräten oder anderen gewählten Mitarbeitervertretungen im Steuerungskreis zu berücksichtigen. Sie können die Perspektive der Belegschaft einbringen und sicherstellen, dass die Interessen der Mitarbeiter vertreten werden.

Ad 5.1 Titelblatt

Mobbing am Arbeitsplatz

Konflikte mit Kollegen oder Vorgesetzten?

Mobbing erkennen!

Hilfe suchen und finden!

Beratung und Unterstützung!

Du bist nicht allein!

Ad 5.2 Broschüre

Information über Mobbing der Unternehmensgruppe „Zur Heimat":

Liebe Mitarbeiterinnen und Mitarbeiter,

In unserem Unternehmen ist es uns ein Anliegen, ein positives Arbeitsumfeld zu schaffen, in dem Respekt, Zusammenarbeit und Wohlbefinden gefördert werden. Leider können in manchen Fällen unangemessenes Verhalten auftreten, das als Mobbing wahrgenommen werden kann. Wir möchten Ihnen daher einige wichtige Informationen über Mobbing geben, um das Bewusstsein dafür zu schärfen und Lösungsansätze aufzuzeigen.

Was ist Mobbing?

Mobbing ist ein wiederholtes, absichtliches und unfaires Verhalten, das darauf abzielt, eine Person zu schikanieren, zu erniedrigen oder zu verletzen. Es kann verschiedene Formen annehmen, wie z. B. verbale Angriffe, Ausgrenzung, Gerüchte verbreiten, Belästigung oder Androhung von Gewalt. Mobbing kann schwerwiegende negative Auswirkungen auf die Betroffenen haben, sowohl auf ihre psychische als auch auf ihre physische Gesundheit.

Was ist kein Mobbing?

Es ist wichtig zu beachten, dass nicht jede negative Interaktion oder Konfliktsituation als Mobbing betrachtet werden sollte. Gelegentliche Meinungsverschiedenheiten, sachliche Kritik oder unangenehme Situationen am Arbeitsplatz können auftreten, ohne dass es sich um Mobbing handelt. Mobbing ist durch das wiederholte, absichtliche und unfaire Verhalten gekennzeichnet.

Wie können Vorgesetzte präventiv handeln?

1. Förderung einer positiven Arbeitskultur: Führungskräfte sollten ein Umfeld schaffen, in dem Respekt, Teamarbeit und Wertschätzung gefördert werden. Regelmäßige Kommunikation, Mitarbeiterengagement und ein offenes Ohr für Anliegen und Bedenken sind entscheidend.

Beispiel: Eine Führungskraft organisiert regelmäßige Team-Meetings, in denen sie den Teamgeist fördert, die Leistungen der Mitarbeiter anerkennt und ein offenes Forum für Fragen und Anliegen bietet.

2. Schulungen und Sensibilisierung: Schulungen zu Mobbingprävention und Sensibilisierung können Führungskräfte dabei unterstützen, Mobbinganzeichen zu erkennen, geeignete Maßnahmen zu ergreifen und ein unterstützendes Arbeitsumfeld zu fördern.

Beispiel: Das Unternehmen führt eine Schulung für Führungskräfte durch, um sie über die verschiedenen Formen von Mobbing aufzuklären und ihnen Strategien zur Prävention und Intervention zu vermitteln.

Wie können Mitarbeiter präventiv handeln?

1. Unterstützung und Empathie: Mitarbeiter sollten sich gegenseitig unterstützen und ein offenes Ohr für ihre Kollegen haben. Indem sie respektvoll miteinander umgehen und Anzeichen von Mobbing erkennen, können sie dazu beitragen, ein positives Arbeitsklima zu schaffen.

Beispiel: Ein Mitarbeiter bemerkt, dass ein Kollege wiederholt von anderen ausgelacht wird. Er entscheidet sich, mit Empathie und Unterstützung auf den Kollegen zuzugehen, um ihm zu zeigen, dass er nicht allein ist.

2. Meldung von Vorfällen: Mitarbeiter sollten Mobbingvorfälle vertraulich melden, entweder an ihre Vorgesetzten, die Personalabteilung oder an speziell dafür vorgesehene Ansprechpartner im Unternehmen. Eine klare Richtlinie und ein sicheres Meldesystem sollten vorhanden sein.

Beispiel: Ein Mitarbeiter beobachtet, wie ein Kollege regelmäßig verbal angegriffen wird. Er entscheidet sich, den Vorfall gemäß den internen Verfahren zu melden und bietet dem betroffenen Kollegen seine Unterstützung an.

Im Falle einer Mobbing-Situation ist es wichtig, dass wir als Unternehmen umgehend handeln und den Vorfall gründlich untersuchen. Je nach Schwere des Vorfalls können geeignete Maßnahmen ergriffen werden, wie z. B. klärende Gespräche, Konfliktmediation oder disziplinarische Maßnahmen gegen die Mobber.

Wir möchten betonen, dass Mobbing in unserem Unternehmen nicht toleriert wird. Unsere gemeinsame Verantwortung besteht darin, ein respektvolles Arbeitsumfeld zu fördern und Mobbing vorzubeugen. Bei Fragen oder Anliegen stehen Ihnen die Personalabteilung und die Führungskräfte gerne zur Verfügung.

Mit freundlichen Grüßen,

Ihre Unternehmensgruppe „Zur Heimat"

Literaturverzeichnis

AK. (2019). AK, Kammer für Arbeiter und Angestellte. Broschüre Mobbing am Arbeitsplatz. https://stmk.arbeiterkammer.at/service/broschuerenundratgeber/arbeitneh-
merschutz/20191121_Mobbing_Arbeitsplatz-brosch-barrf.pdf (07.07.2023).

AOK. (2023). AOK-Bundesverband. Die Gesundheitskasse. https://www.aok-bv.de/lexi-
kon/b/index_00248.html (07.07.2023).

Burfeind, C. (2020). *Mobbing am Arbeitsplatz erkennen und verstehen. Tipps für verant-
wortliches Handeln im BGM.* Springer, Wiesbaden.

GKV. (2023a). GKV-Spitzenverband. Leitfaden Prävention. https://www.gkv-spitzenver-
band.de/krankenversicherung/praevention_selbsthilfe_beratung/praeven-
tion_und_bgf/leitfaden_praevention/leitfaden_praevention.jsp (07.07.2023).

GKV. (2023b). GKV-Spitzenverband. Präventionsangebote der Krankenkassen.
https://www.gkv-spitzenverband.de/service/versicherten_service/praeventions-
kurse/primaerpraeventionskurse.jsp (07.07.2023).

Hoffmann, G. (2016). *Führungsherausforderung Mobbing Prävention, Deeskalation und
Arbeitsfähigkeit nach Konflikten.* Springer, Wiesbaden.

Köllner, V. (2017). *Mobbing am Arbeitsplatz.* In: Badura, B., Ducki, A., Schröder, H.,
Klose, J., Meyer, M. (Hrsg.): Fehlzeiten-Report 2017. Krise und Gesundheit – Ur-
sachen, Prävention, Bewältigung. Zahlen, Daten, Analysen aus allen Branchen der
Wirtschaft. Springer, Berlin, Heidelberg, S. 121-130.

Kolodej, C. (2016). *Strukturaufstellungen für Konflikte, Mobbing und Mediation. Vom
sichtbaren Unsichtbaren.* Springer, Gabler, Wiesbaden.

Kolodej, C. (2018). *Psychologische Selbsthilfe bei Mobbing Zuversicht, Vertrauen, Ver-
änderung.* Springer, Wiesbaden.

Loerbroks, A., Weigl, M., Li, J., Glaser, J., Degen, C., Angerer, P. (2015). *Workplace
bullying and depressive symptoms: A prospective study among junior physicians
in Germany.* Journal of Psychosomatic Research. 78(2), S. 168–172.

Merk, K. (2014). *Mobbing. Praxisleitfaden für Betriebe und Organisationen.* Springer,
Wiesbaden.

Meschkutat, B., Stackelbeck, M., Langenhoff, G. (2002), *Der Mobbing-Report. Eine Re-
präsentativstudie für die Bundesrepublik Deutschland.* Schriftenreihe der Bundesanstalt für Arbeitsschutz und Arbeitsmedizin, Forschungsbericht, Fb 951.